PARA CANTAR CENIZA

EDITORIAL CÁNTICO

AYUNTAMIENTO DE CÓRDOBA

cantico.es · @canticoed

Suscríbete a nuestro blog en

 **Medium** @canticoed

© Bernardo Zagron Engelhard, 2026
© Editorial Almuzara S. L., 2026
Editorial Cántico
Parque Logístico de Córdoba
Carretera de Palma del Río, km. 4
14005 Córdoba
Imagen de cubierta: *Estudio para el café-concierto «La cantante con guante»* (alrededor de 1878), de Edgar Degas
Imagen de falsas guardas: *Soirée* (1877) de Edgar Degas
© Fotografía de autor: Juan Sebastián Pinilla

ISBN: 979-13-88017-12-4
Depósito legal: CO 86-2026

Impresión y encuadernación:
Gráficas La Paz

BERNARD ENGEL

PARA CANTAR CENIZA

XXXIII PREMIO INTERNACIONAL DE POESÍA
CIUDAD DE CÓRDOBA "RICARDO MOLINA"

EDITORIAL CÁNTICO
AYUNTAMIENTO DE CÓRDOBA

SOBRE EL AUTOR

BERNARD ENGEL (Valencia, 1991) es poeta, artista escénico y docente. Ha sido reconocido con premios como el Nacional de Poesía Emergente (2023), el Internacional María Rosal (2024) la Bienal de Poesía Provincia de León (2025) o el Premio de Poesía Ciudad de Córdoba Ricardo Molina (2025). Su trabajo, que explora la intersección entre oralidad, música y palabra escrita, ha sido presentado en festivales como el de Granada, Cali, Neiva, o NUDO. Es fundador de Poetik Lab, escuela a través de la cual combina la creación poética con una intensa labor formativa y divulgativa en España y Latinoamérica.

Para todos los afectos que recorren este libro
y han sido faro, inspiración y salvavidas.

En especial para José Manuel Díez,
de quien aprendí que era posible bailar con una máscara puesta.

ACTA DEL JURADO

Un jurado compuesto por los poetas
Chantal Maillard, Sara Bueno,
Carmelo Guillén Acosta, José Luis Rey y Raúl Alonso,
reunidos el martes 4 de noviembre de 2025
en el Palacio de Orive, sede de la Delegación
de Cultura del Ayuntamiento de Córdoba,
decidieron por unanimidad conceder el
Premio de Poesía Ciudad de Córdoba Ricardo Molina
en su XXXIII edición a la obra presentada con el título
Para cantar ceniza, por tratarse de un poemario lúcido,
vibrante, unitario, de gran coherencia y hondura,
que demuestra virtuosismo en el oficio y que
alcanza grandes hallazgos en la indagación
de la poesía como género de ficción, haciendo
alarde —además— de una rica intertextualidad en
amplios registros de las tradiciones y culturas hispánicas.
Tras la deliberación y al abrir la plica a las 13:55 horas,
el autor resultó ser Bernando Zagron Engelhard
(Bernard Engel), a quien se le comunicó el fallo.

AYUNTAMIENTO DE CÓRDOBA

¿Para qué las palabras?
Para vivir con ellas
y olvidar un momento
la muerte que nos busca.

ERNESTINA DE CHAMPOURCIN

I/ AYER

AYER

Este *ayer*, este verso anquilosado,
este habitar a tientas el poema,
esta lluvia cayendo en el pasado
que se aferra al capricho de un fonema,
este trozo de mundo tan delgado,
este desbordamiento, este enfisema,
no son sino un cantar desesperado
por intentar salvarse de la quema.

Y este que piensa *mar* y dice *infancia,*
este humilde artesano del reflejo
que escribe *gratitud* y pone un punto
sabe de su labor de nigromancia
porque dice palabras y el espejo
le devuelve la voz de los difuntos.

II/ CENIZA

hay alguien que regresa
a lo que no se sabe.

ERNESTINA DE CHAMPOURCIN

EL INDIO NABORÍ LE PIDE A SU MUJER, ELOÍNA PÉREZ, QUE LE LEA UN POEMA QUE MARÍA KODAMA ESCRIBIÓ POR BORGES CUANDO LA CEGUERA NO LE PERMITÍA HACERLO.

Si nunca vi llover sino en tus ojos,
si no fui más que viento acariciando
la luz que otros dijeron para incendiar tu boca
y después poner fuego en mis pupilas,
si no inventé la noche y solo dije
          palabras que yo tuve
como se tiene
          un pájaro,
dime entonces qué hacemos con el llanto,
a quién le agradecemos
          esta lluvia.

A PUNTO DE COMENZAR EL CONCIERTO TRAS MESES DE SILENCIO Y ABSTINENCIA, CHAVELA VARGAS SE NIEGA SALIR AL ESCENARIO SI NO LE DAN UN TRAGO DE TEQUILA.

Está la soledad que me recorre,
y este vasto silencio,
y esta tristeza exacta que rueda por los bares.

Está el amplio vacío,
la nada que me muerde,
la ausencia, con su rostro de mujer inventada
y este juicio del mundo que me abraza y me escupe.

Está el miedo implacable, el aguijón del miedo,
y el cuerpo que no entiende quién maneja los hilos,
y esta boca que dice y después rompe.

Ha vuelto.
Ha vuelto este dolor como de mundo
que se me amarra al canto como las golondrinas,
y ante eso hay dos opciones:
bajarme otra botella de tequila,
o romperme la voz y decir *puedo*.

DANIEL, UN ESTUDIANTE DE PINTURA, RECUERDA ESTUPEFACTO DESDE SU HABITACIÓN DE NUEVA YORK AQUEL CUADRO DE GUSTAVE COURBET, EL ORIGEN DEL MUNDO, QUE HACE POCO VIO EN PARÍS ACOMPAÑADO DE SU MADRE.

No hay mucha diferencia entre saltar a un lienzo y saltar
al vacío.
En ambos casos algo parece estar naciendo.

El que salta al vacío vuelve al vientre.
El que se lanza al lienzo detiene la existencia
en el rincón más húmedo de la palabra *lejos*.

En ambos casos puede la libertad nombrarse.
El que salta a la muerte se permite ser pájaro y acometer
al viento.
Aquel que con pinceles se hace nube, se hace nube, y en eso
las palabras son torpes.

En ambos casos llueve,
y hace un cerco el pasado,
y algún temblor antiguo
nos acerca hacia el agua.

Pero para el que salta, como para el que huye,
ocurre que es posible dejar de ser estruendo
y volver, en silencio, hacia esa nada
a la que alguna vez dimos sentido.

JULIO CORTÁZAR PIENSA EN LO PERDIDO TRAS ENCONTRAR EN UN ARMARIO UN PAR DE ZAPATOS VIEJOS CON LOS QUE ALGUNA VEZ JUGÓ.

Qué cosa tan jodida es descansar en paz.

ROQUE DALTON

Aunque sepa que has muerto,
pronunciaré tu nombre
        sin decirlo.

Diré *piedra, zapato, noche, puente,*
azul, tormenta, lágrima, deseo,
como si cada uno de tus nombres
con sílabas extrañas
pudiera devolverte
        de este lado,
como si aún tu muerte percutiera
en los ajenos labios del olvido,
como si no estuvieras descansando
bajo cualquier palabra temblorosa
dicha por cualquier niño
        en cualquier parque.

MARGUERITE DURAS RECUERDA A SU MADRE, MARIE DONNADIEU, DESESPERADA ANTE EL OCÉANO, MIENTRAS LEE EN UNA NOVELA ALGO SOBRE LA INFANCIA, EL MAR, Y LA ESPERANZA.

Todo lo que recuerdo no ha existido.

Escribo, tacho, vuelvo a los zapatos
que un día fueron sal en la memoria,
con la esperanza intacta de encontrarme a mí misma
    y, sin embargo, nada,
            nada existe.

Es por eso que corro.

Tengo un grito en el pecho que no logro arrancarme,
y esta soledad única —de océano—
y un rencor en el tuétano, y un borde.

Es por eso que corro detrás de cada sílaba.
Para alcanzar las cosas.

No las quiero decir,
            quiero alcanzarlas,
quiero morder su cuello
            como un guepardo hambriento
y detener su huida brutalmente.

Estoy hecha de olvido y de deseo.
Es por eso que corro.

Ante el mar que rompe
                    y que me borra
solo puede salvarme esta palabra.

CÉSAR VALLEJO AMANECE, UN DÍA DE MARZO, ESPECIALMENTE OPTIMISTA.

Con aguacero o no,
siempre llega una alondra
para roer el hueso
que un día nos fue dado.

Con aguacero o no,
con lluvia o en silencio.

Con aguacero o nada,
la noche siempre llega
para partir en doce
nuestra melancolía.

Con aguacero o no,
con lluvia o con tambores.

Cómo esperarla, entonces,
—¡a la noche! ¡a la noche!—
sino con algún verso
para escanciar el llanto.

MILES DAVIS RESPONDE A LA PREGUNTA DE UN PERIODISTA CON OTRA PREGUNTA: *¿QUÉ ENTIENDES TÚ POR JAZZ?*

Antes de esta palabra incandescente,
el swing, ese imposible,
ese romper el tiempo y hacer bailar al aire.

Antes de esta trompeta y este aliento,
la claridad aguda del oboe
vibrando en el crujir de algún teatro.

Antes de la madera melancólica,
la resonancia antigua de la quena
y un eco en algún valle de los Andes.

Aún antes, mucho antes,
el recuerdo imborrable
de una flauta sin nombre
tallada sobre el hueso de algún mamut famélico.

Y antes de eso, incluso,
—en un antes sin fotos—
el mar en la mirada
el viento en los pulmones
el placer como signo de los cuerpos
y un deseo inflamable
de cincelar silencios.

ACABADA LA GUERRA, LA BAILARINA JOSÉPHINE BAKER ESCUCHA LAS PALABRAS DE UNA HABITANTE DE LA CALLE QUE DICE SER CAPAZ VER EL FUTURO.

¿Entonces volverán las torpes golondrinas?

¿Y habrá otra vez silencio?
¿Y habrá nudos de luz en las gargantas?
¿Y habrá más hombres tercos rezándole al olvido?

¿Entonces, dices, todo volverá a repetirse?
¿Y aprender será un sueño?
¿Y dudar será un látigo?
¿Y el odio será bueno? ¿Y la ignorancia, orgullo?

¿Entonces las palabras serán como cuchillos?
¿Los hijos de los pájaros cerrarán las fronteras?
¿Y el que ayer fuera lágrima querrá hacerse verdugo?

¿Entonces será eso la palabra *esperanza*?
¿Nunca más, nunca, nadie,
tendrá la rebeldía de amar al enemigo?
¿Y todo lo distinto será untado de sombras?
¿Y otra vez la sonrisa se torcerá ante el fuego?

IDEA VILARIÑO SE SIENTA SOLA FRENTE AL MAR PARA ESCRIBIR UN SONETO, DE NOCHE, ATRAVESADA POR UN TEMBLOR DESCONOCIDO Y QUE NO SABE SI SABRÁ NOMBRAR.

Hay que dejar la noche a los gorriones,
para que se nos llene de canto la amargura.

Hay que mirar la sombra.
Ceder ante el incendio.
Trabajar el silencio hasta asfixiarlo
o hasta que solo quede su luz desfigurada.

Hay que romperlo todo.
Sí, sí, romperlo todo. Dedicarse a la muerte
por medio de la vida,
                  y después inventarse
que frente al mar sucede todo aquello que importa.

Hay que dejar la noche a los gorriones,
hasta que no haya noche
o los gorriones huyan,
o el filo de unos labios nos apuñale el verso.

NINA SIMONE LLORA CALLADAMENTE, SENTADA EN UNA BUTACA DEL TEATRO DE LA ÓPERA DE PARÍS, AL ESCUCHAR UNA PIEZA DE ERIK SATIE.

If they couldn't listen, fuck it.

NINA SIMONE

Por más que lo aseguren los que enjaulan los mirlos
libertad no es un verbo que se ejerza cantando.

La libertad se canta. Convengámoslo.
—No existe libertad allí donde no hay canto—.

Pero no es el canto donde reside el mirlo.

El mirlo es en la escucha.

Y un canto sin escucha
se parece al silencio.

CHARLES AZNAVOUR VUELVE A CANTAR *HIER ENCORE* 40 AÑOS DESPUÉS DE HABERLA CANTADO POR PRIMERA VEZ.

y canto
todo lo que perdí: por lo que muero.

ÁNGEL GONZÁLEZ

No es el tiempo perdido, lo que anhelo.
Anhelo tener tiempo que perder.

EL SONERO ISMAEL RIVERA SE APARTA UNOS SEGUNDOS DEL BATEY PARA PREGUNTAR POR LAS RAZONES DE SU DOLOR A UN NIÑO VISIBLEMENTE TRISTE EN EL BARRIO DE LA PERLA, PUERTO RICO.

No hay silencio más grave que el de un tambor roto.

MATILDE ESPINOSA

No hace falta ser dios para advertirlo.
No hay dolor —no lo hay— que sobreviva
al intervalo eterno de la muerte.

Es bastante evidente, de hecho,
si uno se para al borde de un bolero
que incluso lo que ayer sonó a tragedia
hoy es tan solo humo en la sonrisa,
un ojalá sin alas para ir a la nostalgia,
una anécdota más para la lluvia.

Y sin embargo, míranos llorando
como si saber eso no importara.

Y sin embargo, fíjate en los cuerpos
hechos de piel y viento, por la melaza heridos
y lanzados al fuego de la salsa.

Y escucha los tambores incendiados
repiquetear al ritmo de Changó y su relámpago.

No hace falta ser dios para advertirlo.
Es preciso gastarse los zapatos.
Nadie puede gozar después de muerto.

EL HUMORISTA Y ACTIVISTA COLOMBIANO
JAIME GARZÓN ASEGURA, SIN EL MENOR
RESQUICIO DE DUDA Y CON SU MEJOR
SONRISA: *A MÍ ME VAN A MATAR,* DOS DÍAS
ANTES DE SER ASESINADO EN BOGOTÁ.

Podrán arrebatarme voz y tiempo,
pero no poner cercos a una idea.

Podrán darme su plomo y su cicuta,
pero no herir de muerte a la palabra.

Podrán matarme a mí, pero no pueden
traspasar la ironía con sus fierros.

Podrán borrarme a golpes la mirada
para evitar que lustre sus mentiras,
pero no hacerlas ciertas.

Podrán, si es lo que quieren, amordazar a un hombre,
pero no evitarán que su mordaza
disemine de luz cada conciencia.

Podrán quebrarme, sí, podrán quebrarme,
pero sus balas nunca sabrán lo que se quiebra
con el balazo audaz de una sonrisa.

TRAS VARIOS DÍAS ENCERRADO EN SU TALLER,
EL PINTOR EDGAR DEGAS SALE A PASEAR POR
LA ORILLA DEL MAR EN DIVES–SUR–MER,
NORMANDÍA.

Deseo y movimiento.
Movimiento y deseo.

Casi todas las veces, la relación es clara.
Es un ir hacia.
Es un tender a eso.
Es un impulso ciego que sacude y empuja.
El que desea, va.

¿Pero qué hay de la noche?
¿Qué desea al bailar la bailarina?
¿Qué anhela un hombre quieto frente al mar?

EL PINTOR GUSTAVE DORÉ SIENTE RODAR UNA LÁGRIMA POR SU MEJILLA TRAS PONER EL ÚLTIMO TRAZO DE PINTURA EN SU CUADRO *EL ENIGMA*.

O spectacle ! Ainsi meurt ce que les peuples font !
Qu'un tel passé pour l'âme est un gouffre profond !

VICTOR HUGO

He encontrado la luz entre las ruinas,
sumideros de luz,
ríos nocturnos,
cuerpos hechos de luz sin llanto alguno,
ángeles luminosos derrotados,
hondos pozos de luz
            que no han servido
y han dejado al enigma envuelto en sombras.

¡Qué figura torcida la del Hombre!
¡Qué malgastada luz! ¡Qué malgastada!

CHARLES BAUDELAIRE, CON EL LENGUAJE FRACTURADO POR LA AFASIA, INTUYE LA FIGURA DE LA MUERTE Y BUSCA INÚTILMENTE LA PALABRA.

Ni toda la belleza, ni el veneno más puro,
ni el verbo *libertad* detrás del cautiverio,
ni la ebriedad sin tiempo del antro más oscuro,
ni las desalentadas orillas del misterio.

Ni el aire, ni el perfume, ni el mar, ni los confines
del más hondo hundimiento, ni las prolongaciones
del ser —a las que el opio pone sus adoquines—
ni el temblor del infierno, ni sus elevaciones.

Ni siquiera el torcido placer de los naufragios,
o el éxtasis etílico frente a lo incognoscible
—que son solo espejismos contra el aburrimiento—.

Cuando pase la muerte por todos los presagios
solo pido un segundo de luz incomprensible
tras cruzar el albergue de arrepentimiento.

EL POETA ROBERTO JUARROZ RECUERDA A AQUEL NIÑO QUE EN UN PARQUE DE LA RUE SAINT-JACQUES DE PARÍS SE DETUVO A MIRAR UNA PALOMA.

El infinito ataca, pero una nube salva.

RENÉ CHAR

Si observamos de cerca este silencio,
puede ser que el vacío nos engulla.

Si decimos de cerca las palabras ,
puede ser que la nada nos devore
y nos haga llorar frente a su cáscara.

Si miramos de cerca,
    si miramos
sin tratar de llenar nuestra blancura,
puede que nos veamos despojados
y nos entre un temblor en el futuro.

Pero incluso en la nada,
incluso en ese abismo,
    sigue siendo posible
ver el mar ocurrir
  y estremecerse.

EL PAYADOR ARGENTINO ATAHUALPA YUPANQUI CONVERSA CON EL GITANO JACQUES ALAGAAR, DESPUÉS DE QUE ESTE SE HAYA DISCULPADO POR NEGARLE LA MANO, AL TENERLA RESERVADA PARA EL CÍMBALO.

El Tajo es más bello que el río que pasa por mi aldea,
pero el Tajo no es más bello que el río que pasa por mi aldea
porque el Tajo no es el río que pasa por mi aldea.

ALBERTO CAEIRO

¡Es tan poco, al final, lo que se deja!

Observe, por ejemplo,
lo que deja un poeta en el poema.
Apenas unas sílabas opacas.
Un pálido graznido.
Unos versos minúsculos que, tal vez, con fortuna,
alguien recordará – y por su misterio,
y nunca para siempre
y jamás por proeza del que juntó palabras,
sino por lo que en ellas hay de espejo, o ventana–.

Observe todavía en qué poco deviene
–a pesar de que en esto los notarios discrepan–
lo que dejan los padres en la infancia.
Apenas veladura de una ojera,
una piedra y un río,
tal vez un hilo fino con que tejer distancias.

Observe –con vergüenza– lo poco que los sueños le
dejan al paisaje.

Apenas –digo *apenas*, pero *apenas* ya es mucho–
humo negro y espeso,
rencor, lágrimas, vino,
una huella que nunca será rumbo de nadie.

Sin embargo, la infancia, el paisaje, el poema
mire cómo nos dejan su inesquivable huella
para que cada sueño (incluso el que perdimos)
nos parezca que vuelve, como el mar a la orilla,
para que cada paso (incluso el que se aleja)
nos parezca que vuelve, como piedra al camino,
para que cada verso (incluso el que olvidamos)
nos parezca que vuelve, como el río al recuerdo.

III/ HOY

HOY

Hoy, esta cavidad inconsistente,
este hueco entre dos, este espejismo,
este trozo angustiado de presente,
este desconocido y viejo abismo,
este templo del dios del pesimismo,
esta orgía implacable de lo urgente,
son –qué estruendosa falta de lirismo–
para el que dice *yo*, tan solo un puente.

Lo dice porque tiene otro quebranto
que se arrastra en los mismos callejones.
Lo intuye porque escancia el mismo llanto
que ayer esperanzaba otras canciones.
Lo sabe porque existen nuevos cantos
pero cantan las mismas decepciones.

IV/ CANTO

otros siguen caminos
que nadie les señala.

ERNESTINA DE CHAMPOURCIN

EL JOVENCÍSIMO POETA MARTÍN PERILLA VE ENTRAR EL PRIMER RAYO DE SOL POR LA VENTANA DE SU HABITACIÓN EN BOGOTÁ, DESPUÉS DE HABER PASADO LA NOCHE SIN DORMIR, LEYENDO LO DE JOSÉ MARTÍ.

Si no existiesen libros,
si la palabra fuera un estallido
que después de volar se desintegra,
yo podría decir, sin inventarlo,
que inauguré el amor, que fui el primero,
que aquel meteorito que cayó en nuestros labios
fue solamente nuestro
y lo llamamos *beso* por puro pragmatismo.

Si no hubiese derrotas talladas sobre piedras
podría suponer −¡y sin engaños!−
que el odio fue error mío,
que fui el único, el vil, el desalmado,
el que, usurpado el fuego de las más altas nubes,
provocó la venganza de Zeus sobre los hombres
y dio a luz a Pandora, y cargó su tinaja.

Aún más,
si la memoria fuese un animal torpe,
−quiero decir del todo, sin aliento, inservible−
yo podría jurar −y en nada mentiría−
que cada una de las sílabas que trazo sobre el viento
la traza un cincel nuevo, rotundamente mío,
y entraría al poema sin este miedo diáfano

y este no saber nunca qué delitos cometen las palabras
que canto.

Pero eso ocurriría solamente en un mundo
–imaginario, ¡claro!–
en que no hubiese libros,
o los libros sirvieran para calzar las mesas
o decorar paredes de cafés modernísimos.

PEDRO PASTOR BESA A SU PADRE, LUIS PASTOR, DESPUÉS DE CANTAR CON ÉL UNA CANCIÓN EN MEMORIA DE VIOLETA PARRA.

Alguien puso en mi boca la palabra *ternura*,
su redondez de nube, de cereza,
su transitar de lágrima hacia el río,
su leve inclinación hacia lo blando,
y no sirvió de nada.

Cuando la tuve enfrente,
cuando se me hizo verbo en las pupilas,
cuando estalló en mis ojos su luz inmaculada,
se me volvieron niebla sus tres sílabas.

De hecho –lo recuerdo– hubo humedad y canto,
y un hijo besó a un padre,
y alguien dijo *ternura*, y yo escuché *esperanza*.

SHEILA BLANCO REGRESA, DESPUÉS DE INTERPRETAR AL PIANO, CON LOS OJOS CERRADOS, EL POEMA *ROJA TODA ROJA*, DE ELISABETH MULDER.

Se podría decir: *las cosas son.*
Un árbol es un árbol.
Un pájaro no sabe que es un pájaro,
y la luna no sabe, tampoco, no ser eso que cuelga,
tan siempre, tan sin noche,
tan levemente ahí.

Se podría decir: *el fuego es fuego,*
la lluvia llueve sola
y la palabra es eso
que no puede mojarnos
y no nos deja ver la llama viva.

Se podría intentar decirlo todo:
la lámpara, la espera, los espejos,
con una precisión como de lágrima,
y sentir mansamente que lo dicho señala lo nombrado.

Pero un día la luz invade un cuerpo,
un cuerpo es habitado,
y entonces
la belleza:
esa criatura.

UNA MUCHACHA TÍMIDA SE ESCONDE DE SÍ MISMA RECITANDO UN POEMA DE ÁNGELA MARÍA DÁVILA EN UNA LIBRERÍA DEL BARRIO DE SANTURCE, PUERTO RICO.

Ángela, vi tu rostro en otro rostro,
tus manos de mamífera angustiada,
tu cuchara, tus flores en las tildes.

Alguien dijo tu nombre y vi tu rostro negro,
y después una luz, torcidamente,
y luego las palabras,
las palabras.

Te he buscado en el fondo de tu Caribe, Ángela,
en tu libro imposible,
bajo tu injusto olvido de mujer olvidada.

Intuyo que hay momentos que abren zanjas.
Aún tengo tus palabras clavadas en la boca.

EL CANTOR CHILENO NANO STERN IMAGINA AL PEQUEÑO LUCHÍN JUGANDO CON UNA PELOTA DE TRAPO, ANTES DE CANTAR EN HOMENAJE A VÍCTOR JARA.

Yo quisiera cantar otras canciones.

Decir *barro*, o *guitarra*, y que en las manos no se me
derramaran los recuerdos.
Decir *luz* y ser cierto.
Decir *niño* y que *niño* signifique *maroma*, o *mirar*, o
cornisa
pero nunca *desierto*, ni *dogal*, ni *pobreza*.

Decir, quisiera yo, decir *futuro*,
y no escuchar de nuevo rugir las mismas hienas.

LA POETA DIANA VILLA PIENSA EN DOS PALABRAS QUE LEYÓ EN UN POEMA DE ALEJANDRA PIZARNIK MIENTRAS SE TOMA UN TINTO CON DON GILBERTO, UN MENDIGO QUE CAMINA HABITUALMENTE POR SU BARRIO.

Tengo dos existencias sucediendo.

En una comparezco ante el vacío
mientras mi cuerpo finge que estoy viva.

En la otra sonrío ante la lluvia,
insulto a los imbéciles,
me deslizo sin miedo en el deseo.

En una baja un río de sangre por mis ojos,
y hay una muerte anclada,
y siempre huyo.

En la otra derramo los secretos
sobre la piel de alguien cuyo rostro no entiendo,
y acometo la carne, y tiemblo, y canto.

En una de mis vidas me deshago como si no tuviera ningún borde.
En la otra fracaso ante la lágrima, y abrazo las hogueras, y blasfemo.

Y luego está el poema
            al que me lanzo
lo mismo que un suicida
se lanza al pavimento.

LA MUCHACHA ISABEL, CANTORA COLOMBIANA, MASTICA MAMBE MIENTRAS HABLA DE LOS RITUALES DE LA TRIBU DE LOS HUITOTO MINIKA, CONCRETAMENTE DE UNO CONSISTENTE EN ENDULZAR A LA PALABRA.

Si mi madre cantaba frente al río,
si su madre fue un soplo frente a las cordilleras,
si su abuela miraba los colibrís ardientes,
y fue caudal, y nunca vio el asfalto.
¿Cómo es que nos parieron de espaldas a la tierra?

EL POETA GONZALO ESCARPA DEFIENDE VEHEMENTEMENTE UNA IDEA JUSTO ANTES DE SOSTENER LA IDEA DIAMETRAL Y APARENTEMENTE OPUESTA, Y DE TERMINAR CITANDO A WALT WHITMAN Y HABLANDO DEL BUDISMO ZEN.

Hay quien dice que somos agua y tiempo.
Hay quien sostiene –créeme–
que es posible medir a las luciérnagas,
o condensar la luz con ecuaciones
o explicar con palabras el poema.

Hay quien dice que somos mamíferos y pálidos,
angustiados pasados hechos carne,
bípedos animales corriendo hacia el futuro.

Hay quien dice saber, tener la fórmula.
Pero eso no es todo.
Intentan convencernos.
Intentan disuadirnos del asombro.
Tratan de mutilarnos el misterio.

MARTA GÓMEZ SOSTIENE LA MANO DE UNA MADRE QUE AÚN ESPERA A SU HIJO MANUEL, DESAPARECIDO EN EL MUNICIPIO DE SOACHA, COLOMBIA.

Decir para volver a las ausencias
que nos siembran la sombra en la garganta.

Reír para sentirnos la sonrisa
aunque nos apuñale la tristeza.

Esperar para hacer que sea un verbo
la palabra *esperanza*, y no se nuble.

Bailar para olvidar que otros no bailan.
Soñar para arrullar a los que duermen.

Cantar para que no se nos olviden
las vidas que pudieron haber sido.

LA POETA ALEJANDRA ARIAS RECITA EN VOZ ALTA UN POEMA, Y UN HOMBRE DE ONCE AÑOS LLORA AL ESCUCHARLA.

Voy a decirte algo que tal vez no esperabas.

La poesía sirve.
Sí podemos tocarnos.
Sí podemos hundirnos en la ausencia
para romper los bordes de la palabra *lejos*.

Hay modos de tocarse –déjame que te diga–
que nos borran la piel y que atraviesan
con sus dedos de luz
cualquier vacío.

Mira, si no, qué abismo,
qué distancia insalvable se hace añicos
en el filo intocable del poema.

SILVIO RODRÍGUEZ RECUERDA A EMILIA SÁNCHEZ ANTES DE COMPONER SU CANCIÓN *OJALÁ*, A BORDO DE UN BARCO PESQUERO FRENTE A LA ISLA DE CABO VERDE.

Una luz que reverbera,
eso es la canción, un eco,
un puñado de imposibles
hechos de memoria y miedo,
un temblor deshilachado
sobre los bordes del tiempo,
un río que nos atrapa
justo a la orilla del sueño
para pintarnos los ojos
con el azul del recuerdo.

Una luz que reverbera.
Eso es la canción, un eco.

Un pájaro que regresa
desde el olvido del viento,
una isla en uno mismo,
un exilio de silencio,
una eternidad que canta
murmullos de un río seco,
y un hambre que se repite,
y el aire de un laúd nuevo,
y un instante que se rompe
para volverse más lento.

Un pájaro que regresa.
Eso es la canción, un eco.

Un río que nos atrapa,
azul, hambre, luz, aliento,
una orilla, un imposible,
una guitarra y un vuelo,
un sueño deshilachado
corriéndonos por el pecho,
y un cuerpo que vuelve al aire
para llamarse deseo,
y una libertad inmensa
dentro de un cuarto pequeño.

Eso es la canción, un ave
que vuela por recuerdo.

EL POETA CARLOS PALACIO 'PALA' SE DESGARRA LA VOZ CANTANDO UN TANGO DE ALFREDO DE ANGELIS EN UN BAR DE MEDELLÍN.

Cuando leí a Petrarca o al gran Dante Alighieri,
pensé que nuestros sueños eran leña
que movía los astros y las cosas del mundo.

Tras leer a Szymborska me imaginé la dicha
de fundar un idioma donde no bostezaran las palabras
cuando alguien, como un dios alucinado,
quisiera traducir *luz y silencio*.

Con Vallejo y su sílaba siniestra
quise soñar con tumbas anegadas de flores
–aunque huecas por dentro– para morir cantando.

Pero ahora sé que el sueño, –el propio, el imposible–
por más que lo soñemos henchido de importancias
es para en el ojo ajeno, viruta, cuando es algo.

Y esa lección pequeña
–y por lo tanto, inmensa–
la aprendí de un muchacho que vendía aguacates
y pintaba horizontes, y remaba ante el viento.

LA REPENTISTA CUBANA TOMASITA QUIALA RECUERDA AL POETA JESÚS ORTA RUÍZ, ANTES DE RESPONDER A LA DÉCIMA DE UN CONTRINCANTE QUE SE ACABA DE REFERIR A SU CONDICIÓN DE MUJER CIEGA.

Hay hombres que ven el mar
pero no saben decirlo,
hombres que nombran al mirlo
y creen poder volar.
Hay quien intenta atrapar
la luz y se le escabulle,
y yo –cuya luz aún huye–
siendo mujer entre hombres,
puedo ver todos los nombres
que el hombre apenas intuye.

EL POETA JUAN LUIS MORA RECUERDA AQUELLOS VERSOS QUE ÁNGEL GUINDA LE DIJO EN VOZ BAJA EN EL CAMERINO DE LA SALA GALILEO, UNA NOCHE DE ENERO EN MADRID.

Después de mucho esfuerzo,
de acumular hileras de palabras
y de desalojar las certitudes,
al fin he concluido:

Las verdades son tres y son pequeñas.

La primera –lo sabes– es la muerte
–certeza, y a la vez, incertidumbre–,
ese viaje que nunca, jamás, nadie ha contado.

La segunda –lo intuyes– es la vida.
Incluso en el que piensa que esa verdad no sirve,
sucede que hay un ser, un irse yendo.

La tercera verdad se llama duda,
y es, de las dos primeras, precipicio
por el que se nos lanzan las preguntas:
¿Cuántas canciones quedan?
¿Qué luz está en qué labios?
¿Cuánta muerte nos falta para abrazar la vida?

LA CANTORA GUADALUPE ÁLVAREZ LUCHÍA, RECUERDA LA CASA DE SU INFANCIA, EN BUENOS AIRES, AL ESCUCHAR UNA VIEJA CANCIÓN DE MERCEDES SOSA.

Para parir distancias
no fueron inventadas las canciones,
ni para urdir olvidos,
ni para deshacer a los zorzales.

Se trata de vencer las cordilleras,
de soñar con cascadas,
de acunar a la pena con disfraces
y después acudir a la intemperie.

Se trata de ir cantando a las hogueras,
de pronunciar *futuro* sin romperse,
de recordar la sombra que nos dieron
para reconciliarse con la luz que nos falta,
y de que, cuando acaben las canciones
y nos deban nombrar desde la ausencia,
nos encuentren felices, derrotados,
con pedazos de canto por el suelo,
y arrugas en la voz,
y una guitarra.

ALEXIS DÍAZ PIMIENTA IMPROVISA SOLO EN UN GUATEQUE DE MAYABEQUE, CUBA, EN UNA CONTROVERSIA IMAGINARIA CON SU HERMANO MARCELO, FALLECIDO UNOS DÍAS ANTES.

Yo he dicho la luz que existe
entre la pena y el vuelo,
he nombrado hasta el desvelo
la latitud de lo triste,
y, sin embargo, hay un quiste
que no alcanzo a dibujar,
y cuando intento cantar
la noche se me silencia
porque me pesa una ausencia
que nunca podré nombrar.

EL POETA JOSÉ MANUEL DÍEZ RECUERDA AQUELLOS VERSOS DE JUAN RAMÓN JIMENEZ SOBRE LOS QUE PENSÓ TAN LARGAMENTE CUANDO ERA ADOLESCENTE, Y QUE SIGUE SIN COMPRENDER DEL TODO.

Porque sé que es muy larga la injusticia,
decido ser madera para el sueño.

Porque sé aún hay tiempo para el odio,
doy pan al que está hambriento, y digo *música*.

Porque sé que es audible la mentira,
hago durar sin verbos el abrazo.

Porque sé que soy uno entre otros hombres
–capaz de tanta luz y tanta mancha–
escribo lentamente la palabra *utopía*,
y después la repito por los bares
mientras pienso un poema que nunca será escrito
porque será mi vida
y yo viviré dentro.

PARADO FRENTE A 20.000 ESPECTADORES, JOAQUÍN SABINA SE DETIENE ENTRE DOS VERSOS DE UN SONETO PARA MIRAR A JIMENA.

aunque la vida perdió,
dejonos alto consuelo
su memoria.

JORGE MANRIQUE

En la memoria quedan
las noches malgastadas,
las miradas sin rostro que me ataron al mundo,
las ciudades insomnes, la palabra *alegría*,
dos poemas de nadie que escuché en una plaza.

El pan que compartimos, la luz que mancillamos,
los amigos borrachos que perdieron guitarras,
las anónimas manos que sirvieron el vino,
el muchacho sin alas que me robó cien pesos
con su mejor sonrisa.

En la memoria queda —y cerca, siempre cerca,
y tan sin juramentos, y tan agradecido—
la mujer que me tiene clavado en su costilla,
de la que cada día soy creado,
en cuyo abrazo tiemblo
                    y sobrevivo.

V/ MAÑANA

MAÑANA

Mañana, el verbo *ayer* en la mirada,
un cuaderno roído, un inventario
de sueños que perdimos, y la nada
firmando nuestra ausencia ante notario.

Unos libros sin luz, una estocada,
una homenaje pálido y sumario,
y una silla mugrienta y desgastada
que alguien malvenderá a algún anticuario.

Y puede que −quizá por accidente−
en la rotundidad del desacuerdo,
una mano sostenga un alarido,
y, hurgando en el ayer su presente,
nos coloque en la punta de un recuerdo,
diga un verso y nos lance hacia el olvido.

ÍNDICE

Para cantar ceniza
de Bernardo Zagron Engelhard,
compuesto con tipos Montserrat en créditos
y portadillas, y DGP
en el resto de las tripas,
maquetado bajo el cuidado de Daniel Vera,
y con la aprobación de Raúl Alonso
como editor de mesa de la obra,
se terminó de imprimir
el 30 de enero de 2026.
Ese mismo día de 1934 nacía
el poeta español Claudio Rodríguez.

LAUS DEO